Rio adentro

Rio

POEMAS DE
Jorge Ferreira

adentro

APRESENTAÇÃO DE
Fernando Brant

PREFÁCIO
Wilson Pereira

GERAÇÃO
EDITORIAL

RIO ADENTRO

Copyright © 2011 by Jorge Ferreira

1ª edição — Dezembro de 2011

Grafia atualizada segundo o Acordo Ortográfico da Língua Portuguesa
de 1990, que entrou em vigor no Brasil em 2009.

Editor e Publisher
Luiz Fernando Emediato

Diretora Editorial
Fernanda Emediato

Produtora Editorial
Renata da Silva

Assistente Editorial
Diego Perandré

Capa
Ziraldo

Projeto gráfico
Alan Maia

Diagramação
Kauan Sales

Revisão
Marcia Benjamim

DADOS INTERNACIONAIS DE CATALOGAÇÃO NA PUBLICAÇÃO (CIP)
(Câmara Brasileira do Livro, SP, Brasil)

Ferreira, Jorge
Rio adentro / poemas de Jorge Ferreira ; apresentação de Fernando Brant ; prefácio Wilson Pereira. -- São Paulo : Geração Editorial, 2011.

ISBN 978-85-8130-011-5

1. Poesia brasileira I. Brant, Fernando. II. Pereira, Wilson. III. Título.

11-13190   CDD: 869.91

Índices para catálogo sistemático

1. Poesia : Literatura brasileira   869.91

GERAÇÃO EDITORIAL

Rua Gomes Freire, 225/229 – Lapa
CEP: 05075-010 – São Paulo – SP
Telefax.: + 55 11 3256-4444
Email: geracaoeditorial@geracaoeditorial.com.br
www.geracaoeditorial.com.br

2011
Impresso no Brasil
Printed in Brazil

"A dor, como o fracasso, não traz o meu nome.
E se a morte não fosse uma necessidade, desprezo seria."

DANTAS MOTA

Ao Zé Oscar e Eva, a beleza com
que experimentam a vida.

Ao Jaiminho e Baiano, meus irmãos queridos:
"A utilidade do viver não está no
espaço de tempo, está no uso."

MICHEL DE MONTAIGNE

PREFÁCIO

O vinho da Poesia
Wilson Pereira

O Jorge Ferreira acaba de desembarcar na seara da poesia. Fez boa viagem, chegou bem e feliz, porque trouxe bons frutos de si. E não veio como mero visitante ou como aventureiro que está de passagem. Veio para plantar e para colher, para fincar sua tenda e permanecer.

Não é este o primeiro livro do autor. Sua experiência literária inicial se deu quando editou, em parceria com outros quatro autores, um livro de "causos", *Bar, Serra e Mar*, em que exercita com pena afinada sua veia narrativa. Depois, em 2009, publicou, como autor solo, *Fazimento*, onde aparecem novamente os causos, ao lado de alguns poemas. Agora, *Rio adentro* traz apenas poemas.

Jorge Ferreira

Recentemente ouvi o poeta Thiago de Melo afirmar que para ser poeta há duas condições essenciais: primeiro nascer poeta e, depois, saber fazer poemas, para o que é necessário aprender e apreender os recursos da linguagem poética. Sem querer levantar polêmica, ouso indagar: como alguém sabe se nasceu ou não poeta? Certo que há poetas frustrados (embora muitos nem o saibam ou não o admitam) que não alcançam, com seus versos, a genuína poesia. Mas se não há tentativa, não há, por certo, a descoberta. Não seria, então, o caso de pensar-se: pode-se fazer nascer o poeta em si, dar à luz o poeta que habitava o silêncio do homem prático?

Isso, me parece, aconteceu com Jorge Ferreira. Professor, formado em sociologia, sindicalista, homem de negócios, vinha tocando a vida assim com sua compreensão intelectual, de viés socialista, do mundo, e, também, com sua sensibilidade de leitor de bons livros. Pela convivência com artistas (músicos, atores, pintores, poetas) e, especialmente, pela leitura de poemas de alguns autores de sua predileção, entre os quais gosta de citar Carlos Drummond de Andrade, Dantas Mota e Paulo Leminski (para limitar a lista), ele foi acumulando-se de poesia. E a poesia nele não se cristalizou, não empedrou, como

Rio adentro

mel açucarado. Antes, como terra embebida de chuva, de chuvas mansas contínuas e finas, dessas que invernam e fazem crescer os pastos, amadurecer os pomares, engordar regos, riachos, rios... chuvas dessas que vão caindo rio adentro e "atravessando a paisagem", assim minou, como olho-d'água em quintal de Minas, a poesia dos subterrâneos da vida desse mineiro do interior: "sempre há uma palavra/ que teima em emergir do fundo da alma" (do poema "O novo meu eu.")

Mas, afinal, creio ocorrer assim com todos os bons poetas. Duvido, para não afirmar a certeza, de que possa nascer um poeta sem antes ter-se-lhe apurado a sensibilidade e acurado o conhecimento da arte poética pela leitura de outros (bons) poetas. Engana-se, por exemplo, quem pensa que Cora Coralina, a doceira de Goiás Velho, fez-se poeta à revelia da leitora de poesia. Consta, sim, que ela lia bons poetas.

Nasceu, pois, assim, o poeta (em) Jorge Ferreira. Como a desautorizar a premissa de que poeta não se faz, nasce. Mas isso, também em parte, porque quando poetiza o menino de si, o autor deixa entrever o seu menino em comunhão com o que se presume de sentimento poético.

Jorge Ferreira

Se os poetas, em geral, buscam inspiração e modelo em outros poetas, o que é normal e até salutar, em todos, quando não há mera diluição da fonte, também o autor deste livro tem suas influências (afluências poéticas, que leva alma adentro), mas vai cada vez mais conquistando seu modo de moldar o poema à sua feição, tornando-se senhor de suas águas. Seus poemas surgem impregnados de vida, pois seus motivos temáticos são seus feitos, seus valores, seu jeito de ver e de viver o mundo. Sua vivência e convivência com a família, com os amigos, os companheiros de ideais, de prazeres e dores. No chão do cotidiano, cultivado com sentimento, lavra e cultiva sua safra. E a poesia é como o vinho, só quem tem paladar apurado sabe apreciar o melhor tinto. Vinho e poesia são alimentos da alma. E vinho é melhor com poesia. E vice-versa. O vício e o verso. Jorge aprendeu seu paladar degustando da safra alheia para, depois, como vindimador, destilar do mosto das palavras o vinho das metáforas. Enfim, Jorge vai também decantando seu modo de dizer o mundo.

Sem intenção de fazer análise literária, penso que o autor desses poemas de *Rio adentro* tem o domínio dos recursos estilísticos e da técnica do verso, e o faz com mão segura, ousando inclusive a realizar diversos

Rio **adentro**

poemas longos (o que vai se tornando cada vez mais raro nos poetas atuais, que andam dando preferência ao poema curto, ao chamado minimalismo poético. E isso é de tal forma evidente, que pode denunciar certa incapacidade para a construção de poemas mais extensos, por falta de fôlego poético). Jorge Ferreira, ao contrário, não se limita a esses pequenos achados, de que também é capaz, mas expõe-se, entrega-se à expressão e à expressividade do eu, como o Drummond de "Sentimento do Mundo". E mesmo nesses poemas mais distendidos consegue manter a linguagem dentro do seu leito de poesia, sem deixá-la transbordar para as margens da prosa discursiva.

E aqui me calo, pois melhor que explicar o rio é nele mergulhar, para sentir o rio por dentro, nós adentro. E melhor que falar de vinho — e eu nem sou enólogo — é saborear seu gosto e sentir seus efeitos na cabeça, e na alma, essa palavra que usamos para sentir o inexplicável de nós. O poema é a taça da poesia. E o livro pode ser um barco. Tomem assento, peguem sua taça, e boa viagem rio adentro, livro adentro.

TEMPO PERDIDO

      Quando olho
      Para trás
      Rio adentro
      Quando olho
      Para dentro
      Vejo los niños

A VIDA ATÉ A ÚLTIMA GOTA

Da minha vida, digo eu
Pra começar:
Não tenho temor à morte,
Doloroso é perder a vida
E os gozos que ela me dá.

Me vejo menino com as suas façanhas.
Um cheiro impregnado no ar
Bicho, gente grande sem maquiagem.
Colerinha, canarinho, pintassilgo,
Meu pai, minha mãe e tio Mirinho.

Jorge Ferreira

Quando jovem tomei para mim
O destino humano.
Com meu pendor libertário
Quis salvar o mundo,
Ainda que ele não quisesse.

Virei um homem de causas,
De ensinança.
Furando o couro da realidade.
Tudo que diz respeito ao humano
Vida, criação, natureza,
Ausência do meu irmão,
Povo brasileiro.
Fez parte de minha ação.

Rio **adentro**

Com o tempo, feito cobra
Adquiri outras peles.
Em cada uma delas
Me exerci sempre,
Igual a mim.

Não me arrependo.
Se me fosse dado
Outra vida a viver
Faria o mesmo retrilhar.

Jorge Ferreira

Voltaria com vagareza,
A passos contados.
Esporeando o tempo
Mão por mão,
Humanizar-me-ia ainda mais.

Sempre tive meus olhos,
E sentimentos
Para o profundo.
Mirei mais para o oceano
Que para a ilha.
Afinal, não vivemos
Para servir?

AINDA NÃO SEI

Minas é palavra subterrânea.
Uma tela interior.
Pode ser de ouro,
De barro
Ou de Bracher.

Pode ser também,
Um resto de tristeza
Um chorar para dentro.
Ou túnel percorrendo
Estradas estranhas.

Jorge Ferreira

Sei não, moço,
Qual é a minha Minas
Do veneno, do padecimento ou
Do amor.

Fui ceifando conhecimento.
Fui fazendo trecho do meu ser,
Nada foi com precisão.

Conheci a moça da rodoviária,
O homem de sete braços.
Dei o beijo do amor
Naquela noite do bar.

Sei não, moço,
Qual é a minha Minas.
A da manhã seguinte,
Ou da paisagem de rugas e lágrimas.

Rio adentro

Plantei sonhos, semeei estrelas,
Sob a galocha do meu pai,
Vivi um tempo manso e tranquilo.

Esse bicho tangido para o exílio
Também foi bicho
Pregou a revolução.
Na varanda, tirou horas de prazer
Tomou gosto pelas auroras.

Vou buscando dentro de mim
O meu entretom,
Meus anjos caídos,
Brancas borboletas, cheiros e sabores.
Vou porque preciso.
Sei que todo retorno é uma partida.

Assim moço, atravesso essa paisagem...

AMOR DE RAIZ

Antes que meu grito chegasse a ti
Ontem à noite no espelho
Ficaste cara a cara comigo
Quando juntos sussurramos.

De algum jeito eras a pré-história
De um amor clandestino
Uma força motriz
Que me leva para dentro de ti.

Jorge Ferreira

Ao arquivar-me no pensamento
Refazendo o meu ser
Já não sei se sou em ti
Ou se tu terminas em mim.

O medo não é amar
É de amar de novo,
De voltar
E não regressarmos de nós.

Tudo, tudo, tudo roda
É uma vertigem
Falta-me o suficiente
Ferrugem, lâmina que corrói.

Rio **adentro**

Tu vieste a semear esse fogo
Fumaças espessas de lembranças
Há em nós um sabor
De um tempo suspenso.

Agora a dor começa a balançar no
                              esquecimento
Minhas boas-vindas, meu bem!
Sei que sentiste também saudade
Chega mais, o futuro se aproxima.

ARREDONDANDO A FILOSOFIA

A bola disse:
Só-craque
Sócrates.

O NOVO MEU EU

Passei a sofrer de poesia.
Ando ocupado dela, por ela.
A imaginação invade minha intimidade,
Devassa meu passado
Acompanha-me no meu trabalho.

Ando mastigando suas pétalas,
Trauteando músicas pelos cantos,
Falando do etéreo, do irreal, dos despojos
                              da vida.
Sempre há uma palavra
Que teima em emergir do fundo d'alma.

Jorge Ferreira

Já não quero o remanso, apenas
                    correnteza.
Trôpego, perdi a ideia do próprio corpo
Um médico-poeta, amigo meu, já
                    diagnosticou:
Estou doente de poesia.

O pior de tudo, a doença não tem cura.
Não preciso dizer nada nesse meu
                    desbotamento.
Não acredito mais no conforto do bispo
Nem no pobre perdão de Deus.

Agora, vou ficar assim:
Isento de saudade do meu outro eu,
Alheio, sem raiz, nem semente,
Despido da outra memória
Vou ser um andarilho dos meus versos.

Rio **adentro**

Dar largas à imaginação, construir
                             quimeras,
Ficar concebido pelo pensamento vago,
Entressonhar, dar a seres imaginários
Vida, nomes e habitação
Entregar-me ao devaneio, embalar ilusões.

Descobri nesse novo meu eu
Que o lençol da poesia é o tempo
E que só somos donos dele
Quando ele se esquece da gente.

CAMINHANTE DA MANHÃ SEGUINTE

Ando nesses dias com os olhos longos
A jogar sal na conversa com cordialidade
                                    e gentileza.
Em gavetas encharcadas de alegria
Dei passos largos com o olhar por cima
                                    dos ombros.

Há séculos peguei-me demissionário do
                        ânimo, desesperançado
Com velhos projetos esquecidos, a
                        afugentar os cuidados,
Sem torpor, em silêncio, sem sentir o outro
Como quisesse extinguir as palavras
                                  dos lábios.

Jorge Ferreira

Abaixo a tristeza!
Quero desassombrar o espírito,
        desopilar o fígado,
Entranhar-me de amor, queimar
        os olhos de encantamento,
Pôr no rol do esquecimento as
        absolutas certezas.

Quero caminhar seguro sobre o chão
        de minha vontade
Com um sorriso sem destino
Colher os frutos de minhas árvores
E a cada manhã distribuí-los pelos
        caminhos esquecidos.

Nada fiz na vida que pudesse registrar
        essa passagem...

CHECK-IN

DIÁLOGO DE AEROPORTO

Bom dia,
A sua identidade
Por favor.
Bagagens a despachar?

Não,
Apenas essa pequena bolsa.
Algum material cortante
Facas ou tesouras?

Sim,
Poemas de Wilson Pereira.
Por favor, abra a bolsa
E me passe poesias.

CONCERTO DE ADEUS

para - Lúcia Junqueira, Nena e Valéria

Eu também senti um vazio estranho, mas, na verdade,
a Lúcia parecia uma pessoa tão acima da materialidade,
da vaidade e da mesquinharia do dia a dia, que é
como se ela não existisse de fato, mas estivesse sempre
pairando acima de nós...

Denise Waisros

    Minha luz, amiga da vida toda.
    Lúcia minha,
    Aqui estou a depositar
    Uma forma de adeus
    Ao passarinho do meu lugar.

Jorge Ferreira

Não posso eu ensinar ao pássaro
A arte de voar.
E nem a ti, Piluca, a arte de bem morrer.

Sinto agora o peso do tempo.
Meus olhos empoeirados
Buscam memórias e retratos.
Um passado
Meu e teu.
Inocências de nossas origens.

Aprendi contigo as formas do silêncio,
As sementes das palavras
Na explosiva descoberta da poesia.

Nos tantos cantos noturnos
Furando as madrugadas
Do Prado, Contorno e Gutierrez
Éramos um fluir de carinho simples.

Rio adentro

Hoje estou vazio, escuro.
A existência do mundo me incomoda.
Onde estará agora a tua biblioteca
                        imaginária?
Tuas palavras secretas,
Menina do mato?

Sei que um dia amanhecerás
Com os teus amores, tuas histórias
                        de plantas.
Um pedaço de ti entrará em minha sala.
Terás tinta e pano
E pintarás:
"Morrer não é difícil.
O difícil é a vida e seu ofício."

Teus olhos ainda brilham em mim,
Nas calçadas pisadas de São Sebastião
                        da encruzilhada.
Na varanda da casa da farmácia
Tu continuarás a ajardinar meu jardim.

EXÍLIO NO CERRADO

Certa feita, no enfrentamento com os
           meus conhecimentos,
Afirmei que não era poeta, fazia versos:
Um pouco por alumbramento, outro
           tanto puro encantamento
O resto era solidão.

Carlos, o Henrique, com palavras vividas, disse
Que minha musa anda fértil, grávida,
           a parir coisas belas
E que meus versos caminham
           encharcados de existência.
Com modéstia anda dizendo que a poesia dele
É de circunstância, breve como fotografias
           de Cartier Bresson
Busca o instante de vida.
Não!

Jorge Ferreira

    Meu amigo trata a palavra como
                um vaso sagrado
    Pega poemas no ar, na terra
                em que pisamos
    Seus versos são um jeito de caminhar
                da alma humana
    Ri, dá cambalhotas para o amanhã
    Faz pouco-caso da transitoriedade.

    Na carne, na medula de forma solitária
    Com delicadeza e leveza de ser poético
    De quem traz a maciez litorânea da Bahia
    Vai elaborando uma fina película
                quase invisível
    Entre a história cotidiana de uma cidade
                cartesiana e seus habitantes.

Rio **adentro**

Meu ser montanhês traz versos insones
Rumina lembrança, mergulha em
      memórias e sentimentos
Alerta para o trágico da existência envolto
      pelo tempo e lugares de meninância
Meus poemas fazem parte da gleba
            Drummondiana
Sou um sem-versos em terras itabiranas.

Mas o dedo travesso do destino, o abraço
                transparente
Fizeram com que nos encontrássemos ante
     a folha em branco no Planalto Central,
Para melhorar um pouco esse Mundo torto.

Ele leva o mar transbordante para as geraes
Eu ponho montanhas altivas a beira-mar.

Carlos Henrique/Jorge Ferreira

EXPLOSIVO

Com Lorca
Tenho Granada
Em minhas mãos

FRAQUEZA

Tudo pode ser
Tudo dela, tudo nela, por ela
Conspira com o meu ser
Tudo faz perder o vigor.

Foi uma saudade
Um volver dos olhos
Reminiscência d'alma
Pura evocação do passado.

Jorge Ferreira

Ou foi lassidão, langor
Ou mesmo sisudez
Resignação a um presente
Morto pelo fracasso da existência.

É o estilhaçamento do corpo
Um deitar a baixo
Caminho
Para a derivação da seiva.

Preciso voltar ao dia
Ao dia presente
Com vestes brancas
Alma de andarilho.

Ter com amigos
Guarnecer-me de boa prosa
A espessura desse pensamento
É a minha chaga.

Rio **adentro**

Eu preciso ter o hoje dentro de mim
De um tempo leve
Ausente de gravidade
Leve e leve
De leve, em suspensão.

Ah! Preciso ter-me
Com as flores das árvores
Que caem
Sem fazer alarde.

GENTE DE VILA BOA

Ninguém fala de um amigo sem
        partir de algum lugar
Afinal, todos têm terra, cama,
        retratos na parede
Um lar
Casas brancas um rio vermelho
        para navegar.

No embornal de memórias tem
        mercado, paçoca
Empadão, caldo de cana, banho de
    cachoeira, encontro na praça
Chafariz de cauda, Igreja da Boa Morte,
        do Rosário,
Santa Bárbara, Nossa Senhora do Carmo.

Jorge Ferreira

O tempo tange, as pessoas mudam
        as verdades e os sonhos
Os olhos já são miragem, o mundo
        gira e se transmuda
Desfiando recordações falo um
        pouco do meu camarada
João Caiado de Vila Boa de Goyaz.

Ali nasceu, cresceu um pouco e foi embora
De olhos abertos, de coração molhado e
        sonhos largos
A sua existência sempre foi entre a
        essência e a decência
Dessa forma, o danado espia a outra
        banda de lá.

Rio **adentro**

Veio a vida, Brasília, a neta do professor
                        Francisco Ferreira
Criação, escrituras de um mundo
                        inquieto e oferto
Porém sua forma tímida domina o tempo,
                        o relógio e a folhinha
A vida para ele é uma guarda de sentimentos.

No seu caminho sempre haverá a tarde,
Os doces e os versos de Cora Coralina
Haverá sim, outras crianças da Vila
De rodas e cantos brincando.

Assim, desse jeito, meu amigo completa
                        sessenta anos.

CHURRASCO

Qual é a carne?
A vida,
Mal passada.

KAPITAL

As nuvens bloqueiam o sol
A cidade inicia o dia
Os homens e seus negócios
Chegam ao aeroporto.

Terno, pasta e celular
O dia a sonhar nas largas avenidas
Todos a internetar o mundo de lá
O amor de ontem deixado pela metade.

A sala fria do Ministério e suas
               revistas inúteis
Na memória a despedida fria no quarto
               ainda escuro.
A espera: água e café. Adoçante ou açúcar?
Tempo, memória, assuntos delicados.

Jorge Ferreira

Brasília possuída por lobos
Em breve aos seus retornos
A tarde de primavera declina
A grama seca corre pela janela do táxi.

Na rodoviária, seres espalhados
Quietos de passos apressados e olhares retos
Vão para o trabalho sob um sol escaldante
De uma jornada sem termo e que não finda.

Os caminhos dos homens na capital
                      são submersos
Para uns, palácios, honra e conforto.
Para a maioria, uma cidade inóspita, de
                      sonhos raquíticos
Sob o lampejo de um emprego público.

MENINO NINHO

O ar do tempo que respiro
Excita-me as narinas e a memória
Falar do meu arruamento interior
É galgar perigosamente
Minhas montanhas imaginárias.

No momento de sobressalto
De envelhecência
Sem o provimento de eternidade
Busco o menino em mim
Revivendo o vivido.

Jorge Ferreira

É preciso nesse assunto
Dormir em cima da inocência,
Entender de fuga,
Ir atrás do vento,
Ver onde ele faz a curva,
Imitar os passarinhos,
Também fazer seu ninho.

A estação tem sempre uma partida
Comecei pela casa paterna,
Com sua varanda de ladrilhos hidráulicos,
Pelo beijo da prima, os latidos da cachorrada
Não esqueci o amor de bananeira.

Riacho, arco-íris, pedra de atiradeira,
Velhas cantigas, santos na parede.
Uma saudade, um resto de alegria
Se queixando para dentro
Amor distraído de si.

Rio **adentro**

Busquei esse menino
Em expressão absoluta
Desatento
Pensamento fugidio.

Depois,
Encontrei-o com voz límpida
Sentado na velha poltrona
Como um anjo a olhar
Velhas fotos emolduradas.

Daí em diante,
O tempo se fez noite
E a noite, medo.
No fosso das lembranças puras
Veio o corpo cinzelado na sala
E um cheiro de água-de-colônia
No ar, nas roupas das pessoas.

Jorge Ferreira

Dissolveram-se os planos da memória
Não sabia se ambos estávamos vivos ou mortos
Eu e aquele corpo com as mandíbulas
Presas com lenços brancos
Sob olhar dos pecadores
Agora e na hora de nossa morte,
Amém...

Basta! Acabou a brincadeira.

Descobri que a infância
Como o corpo
Só se renova
Na alma.

O RIO E SEUS SIGNOS

Para a turma da Galileia

Há muito me apaixonei por esse rio
Sua solidão se funde com a minha
As casas vistas de fora
A cidade tranquilamente longe.

No desfalecer do dia pantaneiro
Da janela giratória do barco
Vendo os ninhos disputarem os pássaros
Comecei a cerzir sonhos.

Jorge Ferreira

Naquele instante passei
A desamarrar-me da saudade
A acreditar nessa miragem
Mudar as verdades.

O rio com seus signos
Dei a sonhar comigo
O barco e suas miudezas cotidianas
Eu de ideias inexistentes em mim.

Sob o olhar amarelado da lua
Vejo ainda um resto de rua.
De que vale essa janela
Se não é para dizer adeus?

REMINISCÊNCIAS

Hoje vou sair
Pôr minha véstia.
Um traje domingueiro,
Dar um presente.

Saudar o dia nascente.
Volver os olhos
D'alma.
Se é saudade, não sei.

Jorge Ferreira

Flores,
Ah! Preciso das bromélias
Elas caem no chão
Sem fazer alarde.

Segura, velho Sig,
Estou chegando.
Segura a infância,
As humanas lidas.

Espere mais um pouco.
Segura o luto, a luta,
As caspas em desuso,
A noite com os seus sustos.

Mãos sem tempo
Segura até o outono
Para pisarmos na grama,
Andarmos no telhado.

Rio **adentro**

Com tua suave ironia
Passaremos a tarde
Buscando semente
E ao anoitecer plantaremos estrelas

Segura a aurora,
Os filhos,
Os netos,
A companheira de todas as horas.

Os amigos são pássaros,
Colheitas
Em abundância.
Eles a ti PERTENCEm.

Em teus noventa anos,
Anjo, não foste.
Também com o diabo
Não flertaste.

Jorge Ferreira

És homem exilado,
Sem saudade do céu.
Com teu olho claro
Enoiteceu sim, desde Niterói.

Na advocacia
Não forçaste a porta do dinheiro,
Com tua lanterna interior
Abriste a porta do cárcere.

Assim visto tem sido.
Rio do tempo,
Nas águas de tua sabedoria
Deslizam barcos e lendas.

Às margens desse rio
Estão os amigos,
Com o calor de quem ama
A garimpar esse diamante.

TEATRO

Vamos cavar nosso ser
Raspar nossas purpurinas
Ler nossos pergaminhos
Refazer o caminho.

Já é hora de cruzar essa linha
De nossas paredes amareladas
Pelo tempo da beleza que se foi
Diluída na velha canção.

Nem todo amor é uma obra de arte
Nem todo mar é alvoroço
Sentemos à cama
Enquanto a noite se desdobra.

Jorge Ferreira

Tranque a porta apague as luzes
Sem aplausos sem plateia
Estaremos a sós em nosso palco
Sem Dioniso ou Apolo.

Ausente de ternura sem espanto
Nosso amor fez-se espera
Não por temor
Mas pelo perigo de amar.

Agora resta o frio esquecimento
Um silêncio inquebrantável
Brumas dissipadas
Um amor de não amar.

Arte, assim acontece em toda parte...

VIAGEM

Ao deixar o cemitério já cheio de saudade
Dei a debater comigo a noção de espaço,
Quinhão, distrito, cidade, município,
Estado, país, hemisfério, mundo.

Meu amigo viveu na vastidão, na largueza
                         do intermúndio
Sua imaginação tinha o tamanho do
                         planeta terra
Seu ser era largo, amplo, intérmino
Sem margem, sem termo, sem fronteiras.

Jorge Ferreira

Foi um homem de qualquer lugar
De telha abaixo foi a toda parte
Longe e perto, à direita e à esquerda
Pelo mundo afora a cada triquete.

Em todo recanto do globo meu amigo
Tinha um canto, um conto
Em qualquer parte, de vale em vale
Aos quatro ventos esvoaçavam os seus
                              longos cabelos.

Foi um homem aciganado
Europeu, asiático, africano, americano
Tratava tudo e a todos como próximos
                              do coração
Às vezes faltoso e longe dos olhos.

Éramos tão diferentes pessoalmente
Gosto de ser território, ter endereço
Sempre fui um morador de mim mesmo
Procuro ficar à espreita em afastamento.

Rio **adentro**

Agora, depois de dar o corpo do amigo à terra
Fechar a laje sobre o túmulo
Enterrá-lo sob algumas leivas de argila
Uma luz suave banha o defunto na sepultura.

Para quem viveu à altura de arranha-céus
Nas entranhas do mundo, dilacerado entre
                              estações e tempo
A sua última morada terá: eternidade,
                              endereço fixo,
Inscrição tumular, epitáfio e placas
                              de sinalização.

Dentro do carro distante dali
Meu rosto recebe o resto de brisa
                              daquela tarde
Abrindo um espaço para o voo
A minha substância territorial se esfacela.

Jorge Ferreira

Há nesse instante uma tensão entre
nascimento e morte
De sentimentos inexistentes sonhos
se cruzam
Sem alarde quebra-se o corpo para
além dos ossos
A apatia antiga se esguia e o orgulho
é degolado.

Nasci um dia e uma vez basta
Agora, quero o espírito do rio,
espírito do mar.
Quero o espírito do meu amigo
ardendo a todo instante
Estou rumando à outra intensidade
em outra direção.

Rio **adentro**

Não sei muito acerca dos deuses
                 e das cidades
Muito menos de fronteiras, só
                 sei que o rio
Que passa em minha cidade é
                 caudaloso e taciturno
Fiel às suas iras e épocas de cheias.

Começarei por ele a baldear as águas
                 mundanas mar afora
Só quero para mim o inesperado, o
                 fervor do momento
O momento dentro e fora do tempo
E que meu grito chegue a Ti, amigo!

NOS BARES COM HOMENS ESQUECIDOS

Meus bares vão além das cidades em que vivi
Dos mais refinados aos mais simplórios
Nos subúrbios mais distantes
Todos, andarilhos errantes
Guardam meus íntimos segredos.

Em suas velhas mesas travei lutas
Por causas que me comoveram
Sentado com homens esquecidos
Fui eu mesmo naquele momento
Em que me perguntava quem eu era.

Jorge Ferreira

Com o coração na boca, o ardor juvenil
Entre cerveja, fumaça e esperanças
Passei tardes de janeiros
À espera de uma piscadela
De amores levemente prometidos.

Também convivi com seu entulho
Seu mundo canalha e sujo
Bares, assim é a sua existência,
É a sua essência
Atrás de sua porta de marfim, sob o
                balcão de mármore
Deixei meu tempo sem nenhum remorso.

ROMÃ

Na Grécia antiga era a fruta do amor
Envolta em cápsulas suculentas translúcidas
No quintal, ela dita o ritmo circular do tempo.
A primavera chegou.

A vida belisca, morde a toda prova
Resplandece de cor vermelha
De carne viva
De puro abrasamento.

Jorge Ferreira

Também em mim é primavera.
Amar é o preço de viver
Quem veio ficou
É a vida vivendo sua carnalidade.

É um rio rubro de sangue corrente
O prazer do espírito que penetra
O corpo está em festa
Estou de romã, a cor da aurora.

A VIDA É MEU PALCO

Descobri noite adentro:
Para morte
Falta-me talento.

MINEIROS*

Plurais são os mineiros
Os da chapada amplificados de mato e solidão
De sol infindo, aridez, estrelas no firmamento
É o puro sertanejo.

Há outros instados de montanhas íntimos
                              do absoluto
Das igrejas inclusas, misticismo e fé
Esses são da velha Minas aurífera de
                    códigos consolidados
De tempo e espera
Donde a poesia avulta em metáforas minerais.

Jorge Ferreira

    Outros tantos há, pelos páramos
            intemporais de Minas
    Do norte, do sul com os seus séculos de
                 sofrimento
    Margeando rios, montanhas, grotões,
          sonhos e desassombros
    Cavalgando seus enigmas, versando os
              problemas da dor
    Mas neste fastio, há de haver sempre a
             companhia da cachaça
    A fim de dar mais convicção ao consolo.

    Carregando o vento no rosto e os olhos
                   no chão
    Onde se escondem o ouro e os diamantes
    Esses seres caminham por ruas úmidas
              cheias de passado
    Dando forma ao pensamento substancial
              do que seja a vida.

Rio **adentro**

Diante de seus mistérios revivem velhos
                                        rituais
Escondem pequenos segredos familiares
Na cozinha costuram negócios e acordos
Entremeados de assados e quitandas
O fogo não cessa...

De forma e passos tímidos, ombros pousados
Seguem o badalar dos sinos
Talvez um fantasma;
A eternidade é um sopro.

Na condição mais larga da existência
Existe um jeito mineiro de ser.

---

* Este poema foi feito a partir de um texto de Carlos Bracher, com quem divido estes versos.

ALGUMA RAZÃO

Sempre haverá uma razão
Para a loucura
Para o amor de ontem
Para o perdão
Para o tiro no peito do cidadão.

Sempre o texto tem um começo
A bola busca a rede ou o cesto
A música o ritmo
A tua estrela brilha
Com um fulgor intenso.

Jorge Ferreira

Tudo corre à medida
Dos teus desejos
Dos teus feitos
Até o tiro do cidadão
Volta pro seu peito.

HASTA SIEMPRE

Ontem Luís Turiba* surtou de nós,
Diz amigo íntimo; levou todos os poemas,
Cuíca, óculos e até um samba da ARUC.

Diz, não fui eu quem disse:
Luiz Turiba anda falando alto,
Diz que o Rio é a Capital do Planalto.

Na rodoviária acabou o pastel, caldo de
                              cana, até jornal.
Diz, não fui eu quem disse:
Luiz Turiba passou por lá feito ventania,
Passos apressados, sorriso largo
Com olhar de labareda.

---
* Jornalista, poeta e agitador cultural.

Jorge Ferreira

Diz, não fui eu quem disse:
Estava com um livro de Nicolas Behr
E na companhia do Ivan, o tal da Presença.

O noticiário não deu conhecimento,
A menina do Beirute não chorou,
O telefone de Renato Matos não tocou.

Será que ele foi embora?
Voltou de onde veio,
Retornou ao princípio.

Diz, não fui quem disse:
Chegou a hora de mudar de estilo
Querer o outro, terra mãe,
Zoar por aí.

Agora, digo eu:
Luiz Turiba destilou da sabedoria;
"Descobriu que é preciso aprender
a nascer todo dia."

IMAGEM

Ao atravessar a rua vi gotas vermelhas
Das feridas de lutas que travei
Não importa o tempo

A distância não importa
O lugar não importa
Seja o que for não importa

Busco cores, objetos mundanos
Ando a recolher imagens, saber
Puro prazer

Jorge Ferreira

Sou mutável
Em mim vivem vozes há muito esquecidas
Vozes de intermináveis gerações
Vozes dos desamparados, comunistas
                            torturados,
Vozes da luxúria, dos indignados,
                amantes abandonados.

Descobri que trago em mim
Um pouco de minha espécie
Não escolho o meu espelho
Elejo aquele que amo
E fraternalmente com ele vou.

© Graça Seligman

Jorge Ferreira, o bom companheiro

Eu e Jorge Ferreira nascemos em Minas Gerais, ele em Cruzília; eu em Belo Vale. Somos da mesma geração. Ele é apenas sete anos mais jovem que eu, tem então 52 anos neste ano de 2011, e ambos passamos nossa juventude lutando contra a ditadura e fazendo revistas literárias. Mas nunca nos encontramos!

Jorge é sociólogo, como Fernando Henrique Cardoso, e foi sindicalista, como Lula, de quem é um dos amigos mais diletos. Foi trotskista, como a maioria dos que, no movimento estudantil, acabaram na política. Ajudou a fundar a CUT e o PT, mas do que gosta mesmo é de ser poeta e de contar causos. Acabou dono de restaurantes, um monte deles, a maioria em Brasília. Com tantas atividades, nunca deixou de estar com os amigos: músicos, poetas, escritores, políticos.

Deu-se que só fui conhecê-lo há pouco mais de dois anos, quando um amigo comum, Carlos Marques (outro personagem fantástico do qual o Brasil vai ouvir falar, e muito) me trouxe um livro dele para editar, *Fazimento*. Fomos jantar, e eis que ele traz à mesa, para minha emoção, um personagem vivo de meu primeiro livro *Não passarás o Jordão*, José Oscar Pelúcio, sobrevivente da repressão, daqueles difíceis tempos da ditadura militar. Pelúcio hoje é sogro de Jorge, vejam vocês.

Este, então, é o Jorge: um sujeito que aproxima as pessoas de bem.

Jorge diz que não é poeta, apenas faz versos, por medo ou solidão.

Faz por talento.

E então ei-lo aqui com mais um livro, *Rio adentro*.

Seus versos trazem, por trás do verbo, imagens claras e potentes. Jorge às vezes parece um menino sem medo manejando o seu estilingue nas veredas de Minas, mas eis que surge, de repente, um perfeito guerrilheiro das palavras, "um ser montanhês" cuja origem não podia mesmo ser outra: "Sou de onde vêm as tragédias loucas dos sertões", como escreveu outro grande poeta mineiro, Dantas Mota — não por acaso, primo desse Jorge.

Como eu disse na apresentação de *Fazimento*, curtam este livro extraindo dele as palavras de um bom companheiro.

LUIZ FERNANDO EMEDIATO
EDITOR

Impressão e Acabamento